J. SENOT DE LA LONDE

Les Usages de l'abbaye de Toussaint (d'Angers)
dans le Pays Nantais

EXCURSION ARCHÉOLOGIQUE EN AUVERGNE

Les Églises de style roman-auvergnal

EXTRAIT

Bulletin de la Société Archéologique de Nantes et de la Loire-Inférieure

NANTES

Imprimerie R. Guist'hau, A. ...

J. SENOT DE LA LONDE

Les bénéfices de l'abbaye de Toussaint (d'Angers)

dans le Pays Nantais

EXCURSION ARCHÉOLOGIQUE EN AUVERGNE

Les Églises de style roman-auvergnat

EXTRAIT

du Bulletin de la Société Archéologique de Nantes et de la Loire-Inférieure

NANTES

Imprimerie R. GUIST'HAU, A. DUGAS, Successeur

Quai Cassard, 5

1903

BÉNÉFICES DE L'ABBAYE DE TOUSSAINT (d'Angers)

DANS LE PAYS NANTAIS

De toutes les grandes cités de l'Ouest, Angers est assurément la ville qui présente encore les plus nombreux et les plus intéressants vestiges des établissements monastiques du Moyen âge. Les ruines imposantes du Ronceray et de Toussaint, la majestueuse tour romane de Saint-Aubin, la vieille Église de Saint-Serge offrent à l'archéologue et à l'artiste les spécimens les plus variés de l'art religieux à toutes les époques. Les Annales de leurs abbayes, intimement liées à l'histoire de la Province, ouvrent à l'érudit un champ fécond en recherches sur le passé de l'Anjou. Mais si les Bibliothèques et les dépôts d'Archives, libéralement ouverts à l'étude des esprits curieux, préservent de l'oubli les précieux cartulaires, les édifices eux-mêmes, minés par le temps ou condamnés par les travaux utilitaires du siècle, s'effritent pierre par pierre ou s'écroulent sous la pioche du démolisseur. Bientôt Angers peut-être, comme tant d'autres villes, hélas ! verra disparaître ces admirables chefs-d'œuvre « des grands bâtisseurs » d'autrefois.

Le touriste qui d'aventure s'engage dans l'étroite artère reliant la place Sainte-Croix, derrière l'abside de Saint-Maurice, au Château, voit bientôt à sa gauche s'ouvrir sous un large portail demi-ruiné, un arceau ogival tout enguirlandé de lierre et de verdure. A droite et à gauche, l'œil perçoit sur des murs rasés à mi-hauteur de fines colonnettes, d'élégants chapiteaux et de gra-

cieuses voussures qu'ombragent des arbustes et que
festonnent des plantes grimpantes. Au fond, et l'occupant
presque en entier rayonne une magnifique rosace dans
le style du xive siècle; à travers ses meneaux vides le
soleil répand sur l'antique sanctuaire profané une
lumière mélancolique et douce. La voûte n'existe plus.
Il y a quelques années encore, dans ce cadre où l'art et
la nature rivalisaient de pittoresque et de grandiose, on
voyait groupées sur les dalles des statues d'apôtres, de
saints, de guerriers ou de grands personnages dans des
attitudes diverses, des pierres tumulaires, des fûts de
colonnes, etc. La Ville avait recueilli là tous les objets
que fournissaient les travaux de démolition et les
fouilles entreprises à Angers (1).

Les ruines de l'Abbatiale de Toussaint sont tout ce
qui demeure de cet élégant vaisseau gothique qui
faisait l'admiration des grands architectes du temps
de Louis XV. Bâti au xiiie siècle, en forme de croix
latine, sa voûte au transept reposait sur deux colonnes
élancées d'une légèreté et d'une hardiesse extraor-
dinaires. En 1723 elle subit d'importants remaniements, et vit son chœur reconstruit dans le goût du
style flamboyant. La Révolution l'utilisa pour les
besoins de la manutention militaire, et l'Empire le
transforma en magasin à fourrages. Sa voûte s'étant
écroulée en 1815, la ville obtint d'en reprendre possession.

L'origine de l'Abbaye est modeste et touchante, et c'est
uniquement une pensée de charité et de compassion
chrétiennes qui inspira son fondateur. En 1028 un chanoine de la cathédrale, Girard, établissait à quelques pas
de Saint-Maurice, une aumônerie, pour héberger les
pauvres avec un hospice pour les malades. Un cime-
tière y fut ajouté pour leur assurer le dernier repos
et l'évêque Hubert de Vendôme, vint consacrer la

(1) Ces objets ont été depuis transportés au musée Saint-
Jean et au musée David, dans les bâtiments du Logis Barrault.

chapelle et y attacha deux prêtres pour la desservir et soigner les infirmes. En 1049, Geoffroy Martel, comte d'Anjou, confia la fondation aux moines de Vendôme qui bientôt s'en dessaisirent entre les mains de l'évêque Eusèbe Brunon ; et ce fut le successeur de ce dernier qui y installa définitivement, en 1115, des Religieux de Saint-Augustin : ceux-ci s'y maintinrent jusqu'à la Révolution. Mais c'est seulement en 1635 qu'ils cessèrent de relever du chapitre de la cathédrale et que l'Abbaye fut réunie à la Congrégation de France.

A la veille de la Révolution, l'Abbaye de Toussaint possédait, en Anjou, en Touraine, dans le Maine et en Bretagne, un domaine important et de nombreux bénéfices. Le Chartrier de Boylesve renferme un dossier qui permet de reconstituer ses possessions à cette époque ; et c'est aux documents qui le composent que sont puisés les principaux éléments de cette étude.

En 1780, l'Abbé de Toussaint avait droit de *nomination et de présentation* sur les paroisses suivantes :

Diocèse d'Angers : Saint-Augustin-lès-Angers, Beaufort-en-Vallée, Juigné-Bené-sur-Mayenne, Trélazé, Tiercé, Villemoisant, Jumelles, Lassé, la Lande-Chasles et Chemillé ;

Diocèse du Mans : Argentré, Saint-Germain-de-l'Houreau, Louverné, Sacé, Saint-Vénérand et Saint-Melaine près de Laval ;

Diocèse de Tours : Saint-Hilaire dans la ville de Tours, Linières et Savonnières ;

Diocèse de Rennes : Saint-Etienne-en-Coglès ;

Diocèse de Nantes : le Pin, Rochementru, la Chapelle-Glain et Vritz.

En outre, il avait *droit de présentation* (la nomination étant réservée aux laïcs), aux cures de Fontaine-Milon, Saint-Georges-du-Bois, Gée, Saint-Jean-des-Mauvrets, Jarzé, et aux chapellenies de la Royère. Sainte-Marie-d'Avrillé près Beaufort, Rosseau près du Plessis-Grammoire, du Froid-Foyer et de Saint-Clément dans la cathédrale d'Angers. Et il possédait la *nomination* aux prieurés simples et réguliers de la Magdeleine sur les Ponts de Nantes et de Sainte-Marie-de-Monthonac, sis en Nivillac, qui faisait alors partie de notre diocèse. Tous ces bénéfices, dont pouvaient seuls être pourvus les religieux de l'ordre de Saint-Augustin, dépendaient de sa mense qui s'étendait encore sur un grand nombre d'immeubles et de métairies, et comprenait en plus de riches prébendes, rentes, prestations et redevances de toute nature. C'est à l'histoire de ses biens et bénéfices, situés dans les limites de l'ancien diocèse de Nantes, que nous bornerons nos recherches.

PRIEURÉ DE LA MAGDELEINE

Le *Prieuré de la Magdeleine* fut fondé le 9 octobre 1119, par lettres-patentes du duc Conan III, lequel en fit don à l'Abbaye de Toussaint. La duchesse Constance, en 1187, confirma cette donation, et concéda même aux Religieux desservants la possession des Ponts sur la Loire jusqu'aux murs de la ville (Guépin, *Histoire de Nantes*, p. 82) (1). « Nous commandons à nos succes-
» seurs, dit la Princesse, d'entretenir cette donaizon, ou
» autrement qu'ils soient damnés chez tous les diables,
» et qu'ils endurent la peine avec le trahiste Judas, et
» que leurs malins efforts ne sortent à effect. »

(1) TRAVERS, tome II, page 244, conteste la juridiction des Ponts aux Prieurs de la Magdeleine, qui, d'après cet historien, n'en auraient jamais joui. La preuve en est, dit-il, que Pierre Landais, le ministre de François II, et plusieurs autres après lui, furent seigneurs des Ponts avec droit de justice. A l'autorité discutable de Travers, on peut opposer celle de Guépin et de la plupart des annalistes nantais. Si, d'ailleurs, les Religieux de Toussaint ne conservèrent pas au delà du XVe siècle les avantages que leur avait octroyés Constance, on ne peut les leur dénier jusqu'à cette époque.

Six siècles durant la pieuse fondation fut respectée ; le Prieuré se développa et forma bientôt un Chapitre de Chanoines réguliers. Au xve siècle, rapporte Travers, son Chantre tenait une École de musique, et le Scolastique enseignait la grammaire à la jeunesse de la ville. Mais le lien qui l'unissait à l'Abbaye ne se relâcha pas, et ne subit aucune atteinte. Les Etats ou *cueilloirs* du revenu temporel de la mense mentionnent expressément sa dépendance. Celui de 1680, dont les dispositions essentielles se trouvent reproduites dans la déclaration présentée en 1728 à l'Assemblée générale du Clergé de France, signale même cette curieuse redevance : « Le » Prieur de la Magdeleine sur les ponts de Nantes doit » par chacun an au dimanche des Rameaux douze » lamproyes de Loyre ». Et le scribe ajoute : « Il y a . » procès au Présidial de Nantes contre M. le Prieur pour » avoir paiement des arriérés. » Les bons moines angevins n'entendaient pas raillerie sur l'exécution des charges imposées à leur bénéficier nantais ; et pour n'être pas privés à la collation de Carême des grasses murènes de Pirmil, ils n'hésitaient pas à mettre en mouvement tout l'appareil judiciaire !

Aucun document ne permet de fixer de façon certaine la nature et l'étendue du domaine dépendant du Prieuré au temps des Ducs. Il est probable que les libéralités de Conan et de Constance eurent des continuateurs, et que leurs successeurs se plurent à enrichir et à doter de privilèges et de fiefs les religieux de Saint-Augustin, des Ponts. Mais sur ce point, et en l'absence de tout texte, il n'est pas permis de rien conjecturer.

La déclaration officielle des biens de la mense de Toussaint faite au greffe d'Angers le 25 février 1790, en exécution du décret de l'Assemblée nationale, fournit du moins la désignation précise des revenus et charges du Prieuré à la fin du xviiie siècle. Ses droits portaient sur :

1° Une maison louée à la veuve Pionneau, ainsi que

le droit de gallois dans la prairie de la Magdeleine, le
tout affermé la somme de... ·............. 250 Livres

2° Une métairie dite la Magdeleine,
paroisse de Saint-Donatien, consistant en
terres, prés et pâtures, affermée à Philippe
Nogues, pour......................... 400 L.

3° Une maisonnette près la chapelle,
affermée............................. 160 L.

4° Une rente sur l'Hotel-de-Ville de
Nantes.............................. 540 L.

5° Une autre rente sur l'Hôtel-Dieu..... 300 L.

Soit un total de revenus de........... 1.650 L.

Les charges pesant sur le bénéfice comprenaient :

1° Les décimes estimés............. 284 L. 2 sols
2° Les frais de desserte de la chapelle. 60 L.
3° Les honoraires du receveur....... 60 L.
4° Les réparations de la chapelle, de la
métairie et des maisons............... 300 L.

Les charges s'élevaient donc à la somme
de................................. 704 L. 2 sols

La chapelle était située au bout de la Chaussée de la
Magdeleine et immédiatement avant le pont de ce nom.

Le 14 novembre 1789, Messire Pierre Cœur de Roy,
chanoine régulier et desservant du Prieuré, en rési-
gnait le bénéfice en faveur de Louis Madot, prêtre du
diocèse de Paris et Procureur de Toussaint. L'année
suivante celui-ci entreprenait d'importantes réparations
sous la direction de l'architecte de la ville, Ceineray. Le
détail des mémoires indique l'état de délabrement et
d'abandon où était déjà tombé l'antique sanctuaire. La
charpente et la toiture durent être reprises ; les vitraux,
ferrures, peintures et plâtres, remis à neuf ; les moulures
« entièrement dégradées », refaites ; l'église et la sacristie,
reblanchies. Le nouveau Prieur faisait en même temps

remplacer l'ancien dais « complètement hors de service »,
et repeindre ou redorer les gradins, l'autel, les tableaux,
le Christ, le Saint-Esprit, les Gloires et têtes de chérubins. Une balustrade en bois, provenant de Saint-Nicolas
et qui « n'y était plus d'aucun usage », était placée à
l'entour du chœur, etc., etc. — Le compte de ces divers
travaux se montait à 1.351 livres.

La Révolution supprima le Prieuré, et ses bâtiments
tranformés intérieurement furent occupés par une
fabrique. Les travaux de voirie qui, au milieu du siècle
dernier ont complètement renouvelé le quartier des
Ponts, firent également disparaître la vieille chapelle,
dont Verger, dans ses *Annales curieuses de la Ville de
Nantes*, nous a laissé la description suivante, heureusement accompagnée d'une gravure. « Peu remarquable
de construction, le monument présente pour façade sur
la rue un pignon de la hauteur de 25 à 30 pieds qui a
été percé de diverses ouvertures appropriées aux besoins
des locataires qui y tiennent une fabrique pour l'apprêt
des draps. De ce côté rien n'annonce une chapelle.
A l'Est, l'architecture religieuse ne s'annonce plus que
par une forte assise de granit, dont le pourtour demi-circulaire révèle la forme du chœur qui était soutenu
par des contreforts qui subsistent encore. Ces restes
sont insuffisants pour nous donner l'âge de ce monument qui va disparaître quand on fera le quai qui doit
unir la rue neuve projetée, partant du pont suspendu
au-dessus du château et traversant la prairie de la
Magdeleine » (1).

PRIEURÉ DE SAINTE-MARIE DE MONTHONAC

Le prieuré simple de Sainte-Marie de Monthonac était
situé dans la paroisse de Nivillac, à une lieue de la
Roche-Bernard, et ressortissait alors avec toute la rive

(1) Verger écrivait en 1837.

droite de la Vilaine au-dessous de Redon, au diocèse
de Nantes. Il ne dut entrer dans la mense de Toussaint
que vers la fin du xvie siècle, puisqu'en 1573 le domaine
portant son nom appartenait à Guillaume Gaultier. Il
figure en tout cas au *Cueilloir* de l'Abbaye de 1680, où
son Prieur est taxé à une rente annuelle de 30 livres.

La déclaration précitée du 25 février 1790 porte que
le bénéfice consistait alors en une chapelle, le logement
d'un métayer situé auprès, et en terres labourables. Les
revenus comprenaient en outre une dîme à la onzième
sur les gros grains de la paroisse de Nivillac, une autre
dîme nommée *guellat* sur la paroisse d'Herbignac, une
rente de 32 boisseaux de blé seigle, mesure de la Roche-
Bernard, due sur toutes les dîmes du Recteur de Saint-
Dolay, une pareille rente de 32 boisseaux de seigle
même mesure, due par indivis par l'Abbé et les Religieux de Saint-Gildas-des-Bois et le Recteur de Nivillac,
le devoir de coutume ordinaire qui se lève à la foire de
Sainte-Croix, laquelle se tient au Prieuré, le droit de
pacage pour cochons et bestiaux dans la forêt de la
Roche-Bernard : le tout affermé à Guillaume Thomas et
René Berageais, moyennant 1,201 livres et 10 sols.
En outre les fermiers doivent l'acquit d'une messe tous
les dimanches et fêtes de l'année, évalué à 60 livres,
plus le paiement des décimes estimé à 213 livres, 3 sols,
6 deniers. Le total du revenu s'élève ainsi à 1.474 livres
13 sols 6 deniers.

Les charges qui comprennent les frais du service
divin, les décimes au diocèse de Nantes, les frais de
régie, et l'entretien et les réparations à la chapelle, et aux
bâtiments du métayer, montent à 497 livres, 3 sols,
6 deniers.

La déclaration énonçant les revenus et charges de ce
bénéfice fut publiée au prône de la grand'messe de
Nivillac, le 7 mars 1790, par le vicaire de la paroisse,
M. Boterf; et déposée au greffe de la municipalité de
cette commune par René-Jean-Baptiste Thomas de la

Borde, avocat au Parlement, lieutenant-général au siège de la Roche-Bernard, ancien maire de cette ville, qui remplissait alors les fonctions de Procureur de la Commune.

PRIEURÉ-CURE DU PIN

Le *prieuré-cure du Pin*, placé sous le patronage de Saint-Lambert, fut fondé, d'après la tradition, sur les ruines d'un ancien monastère de l'ordre de Saint-Benoît.

Il comprenait au xviiie siècle environ neuf cents communiants. Son titulaire acquittait dès 1680, une rente annuelle de 40 livres au Chapître de l'Abbaye et ses revenus soumis au partage par moitié avec celle-ci, étaient évalués, en 1790, à 1.440 livres.

L'estimation des meubles trouvés au logis du Prieur, le 3 juin 1785, après son décès, s'élève à la somme de 1.824 livres. On y voit figurer « une cavalle, avec la selle, la bride, le bridon et une enferge de fer évalués 70 livres 25 sols.

» Une vache brune.......................... 48 L.

» Un petit cheval brun .... 25 L.

» Deux barriques de vin.................... 48 L.

» Une barrique de cidre .... 6 L.

» Huit cuillers, huit fourchettes, une grande
» cuiller à soupe et à ragoût, en argent........ 293 L.

» Cinq paires de draps de maître presque
» neufs, portant dix aulnes la couple, 4 paires
» de blancs et une de gris, le tout de brin ..... 85 L.

» Huit paires de reparon gris pour les domes-
» tiques .... 48 L.

» Deux douzaines de serviettes fines, grises.. 30 L.

» Un bois de lit garni d'une paillasse, une
» couette, un traversin, un petit oreiller, le
» tout de couëtty, garni de plume d'oye, un
» matelas de toile à carreaux piqué garni de
» laine et de crin, une couverture de laine blan-

» che, une courtepointe d'indienne piquée garnie
» de coton, rideaux et grande pante de reps bleu
» relevé d'un ruban jaune, estimés............. 110 L.
  » Deux tables de jeu à pieds de biche, etc., etc.   10 L.

En vertu d'un' acte du 15 septembre de la même année, le chapitre de Toussaint cède à Messire Jean Hué, le nouveau Prieur, tous les meubles, effets et bestiaux compris dans cet inventaire et restants de la succession du sieur Chesneau, son prédécesseur, plus la part du revenu de la Cure revenant à la mense, à charge de faire réparer le Prieuré et ses dépendances dans le délai de six ans.

A défaut de la déclaration officielle, analogue à celles qui nous ont renseigné sur la consistance des Prieurés de la Magdeleine et Sainte-Marie de Monthonnac, ces documents facilitent la reconstitution du domaine du Pin. Il comprenait alors une métairie avec terres labourables, prés et bois, prairies de réserve et jardin dont le produit s'ajoutait au casuel du Prieur. Cependant le devis des travaux à faire en 1785, tant au presbytère et ses dépendances qu'à l'Eglise, démontre l'insuffisance de ce revenu, puisque pour y faire face l'abbaye dut consentir d'importants sacrifices. Sur l'état de ces réparations, il en est une concernant le chœur qui mérite d'être relevée : « Remettre au tabernacle les colonnes en bois
» doré, l'architrave, et tout l'entour de moulures brisées
» et détachées par la chûte du Père Éternel de pierre qui
» s'est cassé le col, et que les paroissiens voudraient
» bien revoir monter, mais qui ne remontera pas. »

PRIEURÉ-CURE DE ROCHEMENTRU

Rochementru, petite paroisse de 200 communiants, érigée en commune en 1790, et depuis 1831 réunie à celle du Pin, était également un prieuré dépendant de Toussaint. Il était placé sous le vocable de Sainte-

Magdeleine, et son bénéficier, qui au dire d'Ogée avait le titre de Baron, possédait entre autres droits seigneuriaux celui de haute justice sur les terres de son ressort spirituel. Il était dès 1680 tenu d'une rente de 18 septiers de seigle, qu'il devait acquitter chaque année, le jour de la fête de Saint-Augustin, au Chapitre de l'Abbaye.

PRIEURÉ DE LA CHAPELLE-GLAIN

La Chapelle-Glain, sous le patronage de Saint-Pierre, comptait 1.200 communiants. Son prieur mentionné au *Cueilloir* de 1680 devait également à la Saint-Augustin une rente de 10 livres. Il exerçait la haute et basse justice sur le domaine de Ruigné. En 1791 il prêta serment à la Constitution.

PRIEURÉ DE VRITZ

Le prieuré de Vritz, sous l'invocation des saints Gervais et Protais, était plus important que le précédent. Il englobait 1.700 fidèles. Son titulaire jouissait d'une grande métairie et était taxé à une rente annuelle de 40 Livres. Il desservait en outre la Chapelle rurale de la Grée-Saint-Jacques.

LA MOSSETIÈRE

Indépendamment des prieurés dont nous venons de parler, l'Abbaye de Toussaint possédait, au diocèse de Nantes, la métairie de la Mossetière située paroisse de la Remaudière et qui dépendait de l'important domaine du Lac-Roger, en la Chaussaire (Anjou).

En 1680 la Mossetière était affermée à Julien Jubin et à Simon Le Mée, au prix de 300 Livres.

La déclaration des biens de la mense du 28 octobre 1728, porte que cette métairie se composait de deux maisons, d'un moulin à vent dont le meunier devait chaque année deux chapons à l'Abbé, d'une grange, d'un pressoir, d'une étable, de toits à porcs et à brebis, etc. Le domaine comprenait cinquante arpents de terres labourables, des vignes et prés, en plus certains fruits et rentes dus par différents particuliers, énoncés au bail passé le 19 octobre 1722, et affermé à François Oger, Julien Halloreau, et autres pour la somme de 340 Livres.

Le métayer de la Mossetière était en outre tenu de contribuer avec ceux du Lac-Roger, du Parmenier et de la Roussière (diocèse d'Angers) à l'acquit de deux messes par semaine en la Chapelle du Lac-Roger et au paiement de diverses rentes en blé et avoine.

J. SENOT DE LA LONDE.

Les Églises de style roman-auvergnat

Vers la fin de l'hiver dernier, des relations de parenté m'attirèrent en Auvergne. Au départ, cédant à l'attraction qui pousse vers la montagne l'habitant des plaines, je formai le projet d'escalader le Puy-de-Dôme pour y visiter le Temple de Mercure où des fouilles récentes avaient amené d'intéressantes découvertes ; je comptais même lancer une pointe jusqu'au Sancy. La douceur de la température et la sérénité du temps encourageaient ma hardiesse. Arrivé à Clermont, l'aigre souffle de la bise et la vue des neiges couronnant la cime des Dômes, m'avertirent que l'Alpinisme, même dans ce pays, n'était pas de saison. Force me fut donc de renoncer aux sommets et de chercher dans la vallée l'occupation de mes loisirs.

Bientôt la connaissance d'un ecclésiastique distingué avec qui j'étais entré en relation, vint donner à mon activité un but inattendu. M. l'abbé Lestrade, professeur de Sciences au Grand-Séminaire de Montferrand, entreprit de m'initier aux beautés sévères de l'architecture religieuse de l'Auvergne. Esprit cultivé, d'un goût sûr et d'une modestie égale au savoir, il a étudié dans les moindres détails les styles de chaque époque, et leurs Ecoles n'ont pour lui rien de caché. Ses dissertations sur les mérites des Eglises du pays, la plupart œuvres d'artistes indigènes, piquèrent ma curiosité et m'inspirèrent le désir de les connaitre. Avec la plus aimable complaisance, il voulut bien s'offrir de guider mon

ardeur un peu novice, et c'est sous sa direction éclairée
que je pus successivement visiter les spécimens les plus
remarquables de l'Ecole auvergnate. J'ajoute, et c'est
pour moi plaisir et devoir, que c'est à sa science cri-
tique que je dois d'avoir recueilli, à l'intention de notre
Société, les meilleures observations que je consigne à
cette place.

L'architecture religieuse de l'Auvergne se différencie
absolument de celle de notre pays. Tandis qu'ici il n'est
guère de paroisse qui ne possède son église neuve, beaucoup de style gothique, quelques-unes faibles pastiches
de roman, la plupart sans caractère bien accusé, et que,
dans le département tout entier, on compte malaisément
à l'heure actuelle vingt monuments datés d'un siècle ;
là-bas les vieux édifices se retrouvent à chaque pas. Le
grain dur et compact des basaltes ou des laves employés
à leur construction, n'a pu laisser prise aux morsures
du temps qui les a simplement revêtus de sa patine
sombre. En outre, un sentiment artistique mieux inspiré
les a protégés contre le vandalisme moderne. Non seulement dans les villes, mais jusque dans les moindres
bourgades perdues au fond d'étroites vallées ou accro-
chées aux flancs abrupts des Puys, on rencontre ces
sanctuaires six ou huit fois séculaires, auxquels les
restaurations successives ont su conserver leurs belles
lignes primitives et maintenir leurs décorations origi-
nales. Comment ne pas préférer ces vaisseaux aux proportions simples, mais toujours harmonieuses et régu-
lières, où se révèle la conception d'un génie créateur, à
ces églises sans cachet ni style, amalgame bizarre de
toutes les époques, que l'on voit étaler leur façade
banale sur les places de nos campagnes ?

En dehors de quelques très rares monoments gothiques, dont le plus remarquable et le plus complet est
la magnifique cathédrale de Clermont, l'Auvergne présente deux types dominants: le roman pur et le roman
auvergnat. C'est de ces deux Ecoles que relèvent presque

tous les édifices religieux véritablement intéressants du Puy-de-Dôme. Peut-être même conviendrait-il d'y rattacher certaines constructions inspirées par l'époque ogivale, mais que des additions ou des remaniements postérieurs, empruntés au roman, ont transformé au point de leur enlever leur style d'origine.

J'indiquerai rapidement les caractéristiques générales du roman auvergnat ; et je noterai ensuite les particularités que j'ai observées sur chacune des Eglises que j'ai visitées.

Voici d'abord en quels termes apprécie l'œuvre de cette Ecole, le meilleur juge du beau dans les arts : « L'Ecole auvergnate, dit Viollet-le-Duc (*Dictionnaire d'architecture*, article *architecture religieuse*, tome Ier), peut passer pour la plus belle école romane.. Seule elle sut, dès le xie siècle, élever des Eglises entièrement voûtées et parfaitement solides ; aussi le type trouvé, elle ne s'en écarte plus. A la fin du xie siècle et pendant le xiie, on bâtissait dans cette province l'Eglise de Saint-Paul-d'Issoire, la cathédrale du Puy-en-Velay, les églises de Saint-Nectaire, de Notre-Dame-du-Port à Clermont, de Saint-Julien-de-Brioude, et quantité de petits monuments à peu près tous conçus d'après le même principe. Cette Ecole s'étendait au Nord jusque sur les bords de l'Allier à Ebreuil, à Châtel-Montagne, à Cogniat, jusqu'à Nevers, dans la construction de l'église de Saint-Etienne ; au sud jusqu'à Toulouse (église Saint-Sernin) et même jusqu'aux environs de Castelnaudary. »

EXTÉRIEUR

A l'extérieur, les caractères essentiels du roman auvergnat se distinguent par :

1° L'absence de toute ornementation de la façade principale. Dans un mur droit et massif où n'apparaissent ni colonnes, ni chapiteaux, ni moulures, s'ouvre une simple baie en plein cintre qui donne accès à l'église ;

2° L'existence de contre-forts droits sans saillie ni ressaut sur les façades latérales. Ces contre-forts supportent des arcs également à plein cintre correspondant aux arcades de l'intérieur;

3° Le développement des absides qui occupent une surface considérable de l'édifice. Elles sont étagées, et dominées par un énorme massif barlong, très lourd, qui s'élève sur le transept et qui sert de base à un clocher octogonal toujours à deux étages reposant sur la croisée du transept;

4° L'ornementation luxueuse du chœur et de l'abside. C'est là que l'architecte et les artistes appliquent l'effort de leur génie et prodiguent avec usure toutes les ressources du talent pour faire à la fois grand et beau, donner au monument son caractère de majesté imposante, et le revêtir de riches décorations;

5° La présence de chapelles rayonnantes autour de l'abside, quatre quand l'église est dédiée à la Sainte-Vierge, cinq quand elle est sous le patronage de quelque saint (la cinquième étant alors réservée au culte de la Mère de Dieu). Ces chapelles ont deux sortes de contre-forts, les uns constitués par des piliers ordinaires aplatis, les autres formés de colonnes engagées dans les murs. Ces colonnes dont la base repose sur le stylobate s'élèvent d'un jet jusque sous l'entablement. Elles n'ont pas de tailloir et la tablette de la corniche repose directement sur le chapiteau;

6° Les corniches du chœur et des chapelles d'abside sont portées par des modillons ou corbeaux à enroulements, absolument propres à cette école. Elles sont en outre couvertes par trois rangs de billettes. Un cordon de billettes semblables s'enroule également autour des fenêtres et entoure souvent les murs latéraux;

7° Un ingénieux appareillage de pierres multicolores, grès jaune, calcaire blanc, lave grise, disposées symétriquement, forme autour de l'abside et sur les parements des façades latérales une décoration de mosaïques variées. Ces incrustations et imbrications donnent à l'édifice un caractère de richesse, de grâce et d'élégance que l'on chercherait inutilement ailleurs.

INTÉRIEUR

1º Un porche ou *narthex* surmonté d'une tribune qui règne sur toute la largeur de l'église précède la grande nef ;

2º La nef centrale et les nefs latérales sont à peine éclairées, toute la lumière étant reportée sur le transept, le chœur et l'abside ;

3º La voûte de la nef centrale forme berceau. Le plus souvent cette voûte sans arcs doubleaux est soutenue sur toute sa longueur par de petites voûtes en quart de cercle qui couvrent le triforium ;

4º Le triforium est toujours aveuglé. Les baies qui le constituent ne se correspondent pas toujours. Ainsi à Issoire et à Notre-Dame-du-Port elles sont, dans la même travée, trilobées à droite, et formées seulement de deux arcs à gauche ;

5º Au-dessus de la partie médiane du transept s'élève une coupole toujours octogonale, soutenue par quatre trompes ou trompillons, et appuyée sur deux voûtes en quart de cercle. Ces deux voûtes qui divisent chaque bras du transept sont encore un des principaux caractères de ce style, mais elles offrent à l'œil un aspect heurté et disgracieux. La coupole toujours invisible de l'intérieur supporte le clocher ;

6º Un arc en forme de mître, accosté de deux arcs à plein cintre, aveuglés, décore chaque extrémité nord et sud du transept ;

7º Une travée unique constitue le chœur, et un arc doubleau légèrement saillant indique la séparation du chœur et du sanctuaire ;

8º Un déambulatoire, séparé du chœur par six ou huit colonnes érigées en demi-cercle et portant des arcs surhaussés, règne dans toute l'abside et continue les basses nefs. Il existe même dans les églises de second ordre ;

9° Enfin l'ornementation est comme à l'extérieur toute entière concentrée sur le chœur et l'abside. Tandis que dans les nefs et le transept on ne rencontre ni sculptures ni moulures, elles sont ici répandues à profusion.

La première étape de notre pélerinage archéologique avait été fixée à Royat, que d'importants vestiges de la civilisation romaine et son église, remarquable échantillon de l'architecture religieuse militaire du moyen âge, recommandent à l'attention du touriste. Ce choix était en même temps une concession au pittoresque, puisque l'état des routes et l'inclémence de la saison m'obligeaient à sacrifier le premier programme de mon voyage. Le ciel était ce jour-là d'une admirable limpidité et un soleil radieux faisait resplendir à l'horizon l'épais linceul de neige enveloppant la majestueuse masse des Dômes. Rien de gracieux comme cette charmante station, distante de deux kilomètres de Clermont auquel la relie l'incessant va-et-vient des tramways électriques. Ses maisons et ses villas s'entassent au fond d'une gorge profonde, ombragée de noyers magnifiques, et où court bruyamment la Tiretaine ; plus haut de luxueux hôtels, fermés et déserts à cette heure, escaladent les flancs du Puy de Gravenoire endormis dans la sombre verdure de ses sapins. A gauche du torrent, coupé çà et là de cascades, la route s'élève taillée à pic à travers d'énormes blocs de lave. Après avoir dépassé l'Établissement, son parc et le casino, et avoir laissé derrière, les Thermes romains et de curieuses grottes d'où jaillissent d'abondantes sources, on aperçoit le village que domine un monument de forme carrée, tout hérissé de créneaux comme une forteresse du moyen âge. C'est l'Église.

L'ensemble de sa structure indique deux édifices suc-
cessifs, dont l'un est venu s'ajouter à l'autre à une
époque postérieure. La nef composée du *narthex* et de
deux larges travées fut construite au Xe siècle par les
moines de Royat : le caractère des sculptures des chapiteaux, confirme sur ce point l'opinion de Viollet-Leduc
et de M. Chardon du Ranquet, le savant professeur de
l'Université de Clermont. Une simple abside avec voûte
en cul-de-four terminait alors le vaisseau primitif. Plus
tard on édifia le transept, le chœur, la crypte, la coupole et
la tour. Cette seconde partie paraît dater du début du
XIIIe siècle, à en juger par le grand appareil des murs,
l'emploi de l'arc brisé à l'entrée du transept et aux
fenêtres, et l'ornementation des chapiteaux empruntée
à la flore locale. Le système de fortifications qui
entourent l'Église, font corps avec elle et lui donnent
l'aspect d'un donjon dont le prieuré, tout proche, forme-
rait la place d'armes, appartiendrait à cette même
époque. Les archéologues objectent à cette date la présence des machicoulis que l'on ne retrouve dans aucun
des monuments du XIIIe siècle et qui n'apparaissent
qu'au XIVe. M. Chardon du Ranquet n'en maintient pas
moins son opinion et considère l'Église de Royat et sa
ceinture de fortications comme une exception, devançant
d'un siècle les progrès de l'art militaire : ses moines
auraient ainsi apporté à la défense du vieil édifice un
perfectionnement encore inconnu et qui ne devait se
propager en Europe que cent ans plus tard.

Quoiqu'il en soit, l'ensemble est d'un beau style
et impressionne étrangement le visiteur par son appareil
féodal quasi-barbare. La tour octogonale également
crénelée couronne le donjon et complète l'illusion. Sous
le chœur, la crypte soutenue par quatre gros piliers,
abrite une madone, Notre-Dame-la-Souterraine, en
grande vénération dans la contrée. Tout près, sur la
place, s'élève une croix en lave de Volvic, dont les sou-
bassements sculptés représentent les Apôtres. Brisée

pendant la Révolution, elle a été restaurée il y a peu d'années.

En redescendant vers Clermont nous visitons *Chamalières*, jolie petite église de la même époque, maladroitement défigurée au xviie siècle, et où l'on remarque de jolies colonnettes et des chapiteaux délicatement fouillés. L'entrée est précédée d'un *narthex* dont la voûte est soutenue par deux colonnes de marbre vert, provenant, assure-t-on, d'un ancien temple. Le Curé nous fait très aimablement les honneurs ; malheureusement la nuit qui tombe empêche de bien saisir tous les détails de son vieux sanctuaire.

Le lendemain, nous allons par la route qui serpente à travers la riche vallée de la Limagne, à Mozat et à Riom.

Mozat n'est qu'un hameau d'un millier d'habitants à deux kilomètres de Riom, mais que les baigneurs de Royat et de Chatelguyon ne manquent pas de visiter. Sa vieille église romane du xie siècle, malgré les mutilations qu'elle a subies, manifeste l'influence du style auvergnat.

Ancienne abbatiale de Bénédictins, elle renferme des parties remontant au vie siècle, que l'on croit être les restes de la primitive église fondée par saint Calmin, qualifié « sénateur d'Auvergne » par les hagiographes du pays. C'est à cette époque qu'il faut attribuer probablement le porche sud à demi ruiné, et au ixe ou xe siècle, les deux énormes chapiteaux romans, actuellement placés sous la première travée à l'entrée ; ils servent actuellement de supports de bénitiers, et sont revêtus de sculptures curieuses qui accusent ainsi que les fûts de colonnes et les chapiteaux historiés gisant pêle mêle derrière le chœur dans le jardin du Curé, un ciseau d'une grande habileté.

L'édifice est à trois nefs. Dans le collatéral sud s'ouvrent trois jolies chapelles gothiques, genre flamboyant, ornées de boiseries d'une grande finesse. Sous l'abside se

trouve une crypte; remplie de décombres et à laquelle
on accède du dehors.

Mais ce qu'il importe surtout de voir à Mozat, c'est le
Trésor de l'Eglise, qui réunit une collection d'objets
artistiques de haute valeur pour l'histoire de l'orfèvrerie
religieuse du moyen âge : en première ligne il convient
de citer le magnifique reliquaire en forme de châsse
entièrement garni d'émaux et de figurines de cuivre qui
renferme les reliques de saint Calmin, œuvre d'artistes limousins du xiiie siècle ; — la châsse de
saint Austremoine, un des apôtres de l'Auvergne, de
style renaissance ; — un calice dont le pied et la coupe
d'argent merveilleusement ciselés représentent les actes
principaux de la vie de Notre-Seigneur; — un crucifix
de cuivre byzantin, des ornements en soie ancienne
dont les fleurs et les sujets ont conservé toute la vivacité
et l'éclat des couleurs du temps; — enfin de curieux
suaires brodés, en étoffe byzantine du viie siècle.
M. le Curé qui nous fait admirer ces incomparables
richesses artistiques, nous conte les assauts que lui a
livrés l'Administration des Beaux-Arts, et l'énergie qu'il
a dû déployer pour repousser les sollicitations du
Gouvernement qui réclamait l'envoi de toutes ces
merveilles à l'Exposition universelle de 1900.

La visite à la Basilique de Mozat et l'inspection de
son Trésor nous ont conduits à une heure avancée. Il
faut se hâter, et profiter des dernières heures du jour
qui baisse rapidement pour voir *Riom*, ses édifices
civils et religieux.

Bien curieuse cette petite ville qui disputa plusieurs
siècles à Clermont l'honneur et le titre de capitale de
l'Auvergne. Le maintien de son ancien Parlement et la
conservation de ses vieux logis aristocratiques lui ont
laissé sur son heureuse rivale une suprématie dont elle
se montre justement fière. De larges boulevards lui
font une ceinture coquette, ses rues bien percées, sont
bordées de maisons soigneusement bâties ; mais l'em-

ploi de la pierre noire dans leur construction impose à la cité un aspect sombre et sévère. Parmi les édifices particuliers, presque tous de l'époque de la Renaissance, qui attestent encore la splendeur des anciens jours, je citerai l'*Hôtel de Ville* qui possède une curieuse cour sur laquelle s'ouvre un délicieux escalier à jour orné de figures finement sculptées ; — la *Tour octogonale de l'horloge* et surtout l'*Hôtel des Consuls,* bâti en 1530. Sa façade sur la rue avec ses six colonnes sveltes reliées par des cintres d'une courbe gracieuse, est très riche et très originale, et sa tourelle qui se détache en encorbellement au dehors, d'une rare élégance.

La *Cour d'Appel* occupe l'emplacement du château de Jean de Berri, dont il reste un bijou : la Sainte Chapelle. Construit en 1280 et restauré à la fin du xve siècle, l'édifice est une véritable miniature de l'art gothique. L'abside à cinq pans, éclairée par de larges baies flamboyantes, l'occupe presque en entier. De magnifiques verrières, représentant les rois de France, d'une vivacité et d'un fondu de couleurs qu'on ne retrouve plus, la décorent. On y remarque encore un autel en pierre surmonté d'un retable en bois sculpté avec trois panneaux peints, et une très belle tenture de velours bleu où sont brodées en soie or les transformations successives de la fleur de lys. Le Palais de justice, de construction moderne, est un grand édifice froid et banal, auquel donne accès un large escalier monumental. La chambre du Conseil est ornée de belles tapisseries de Flandre figurant les aventures d'Ulysse. Sur la cheminée se voit le buste en marbre du Président Bonjean, fusillé par la Commune et qui occupa à Riom les fonctions de Premier Président. Au reste Riom est la patrie de plusieurs grands hommes. Rouher y naquit, et la statue de Michel de l'Hospital élevée dans le square qui précède la Cour d'Appel, rappelle que le grand chancelier vit le jour à Aigueperse, un peu plus loin vers le Nord.

Riom possède deux églises : *Saint-Amable* et *Notre-Dame du Marthuret*. La première, de beaucoup la plus intéressante, date du commencement du xiie siècle. Malgré les remaniements qu'elle a subis à diverses époques, mais surtout au xviiie siècle, elle garde bien l'empreinte du pur style auvergnat, avec sa triple nef, son transept à coupole étagée de chaque côté par des voûtes en quart de cercle et ses chapelles rayonnantes. Le chœur offre un mélange de gothique et de roman, et l'autel présente cette particularité qu'il est double et que ses deux faces antérieure et postérieure peuvent servir à la célébration des offices. Une polychromie de mauvais goût a défiguré l'édifice qui, dans son ensemble, est beau et réellement digne de l'attention. Les magnifiques boiseries qui autrefois décorèrent le chœur, ornent aujourd'hui les panneaux de la sacristie.

Notre-Dame du Mathuret appartient au style ogival flamboyant et possède un clocher à dôme de la fin du xviie siècle. Une belle statue de la Vierge, dite Vierge à L'Oiseau, s'élève sur le pilier qui partage le portail d'entrée de la façade. L'expression de la Vierge et de l'Enfant Jésus est d'un naturel exquis, et du sentiment le plus délicat et le plus gracieux.

La journée du lendemain avait été réservée à la visite de la *Cathédrale* de Clermont et de *Notre-Dame du Port.*

La cathédrale est après Saint-Etienne de Bourges et sur un plan plus réduit, le plus beau vaisseau gothique du centre de la France. Elle date de cette époque où la foi de nos pères et le génie de nos artistes engendrèrent cette admirable floraison de la pierre qui couvrit le sol du pays de véritables merveilles. Commencée en 1248, sur l'emplacement d'une basilique du ve siècle, elle fut consacrée quoiqu'inachevée en 1346. C'est à Viollet-le-Duc que revient l'honneur de l'avoir complétée et terminée par l'adjonction de ses deux premières travées et de sa façade, surmontée de deux flèches qui mesurent

108 mètres de hauteur. Elle est entièrement construite en pierre de Volvic, et doit au ton sombre de ses matériaux l'uniformité qui règne entre ses parties neuves et les anciennes. Mais leur extrême dureté donne un peu de rudesse au profil de ses lignes, et rend un peu pauvre le relief de ses sculptures. A l'extérieur pourtant, et surtout du côté de la place Urbain II que décore une belle statue du Pontife prêchant la première Croisade, l'œil ne se lasse pas d'admirer la belle ordonnance des colonnettes et des arcs boutants de l'abside, la décoration luxueuse de son portail latéral, le joli dessin de ses fenêtres gothiques, et le bel effet des roses rayonnantes de son transept. A l'intérieur, je remarque le joli *triforium* à jour qui règne autour de la grande nef, de superbes verrières des xiiie et xive siècles qui mériteraient d'être restaurées comme l'ont été celles de Bourges et un curieux sarcophage en marbre du vie siècle. Dans le transept nord se voit la curieuse horloge où *Jacquemart* qui fut enlevée à la ville d'Issoire pendant les guerres de Religion : deux hommes armés de massue, frappent à tour de rôle le timbre qui couronne la tête du Temps.

Notre-Dame-du-Port est avec Saint-Paul d'Issoire le type par excellence du style roman auvergnat. Bâtie en 870 par l'évêque saint Sigon, elle fut réédifiée au xie siècle, après les invasions normandes, et les réparations intelligemment dirigées vers 1830, n'ont eu pour effet que de faire mieux ressortir la majesté de son architecture et de remettre en pleine lumière certains détails de décorations maladroitement défigurés au cours des siècles précédents. La façade principale à l'Ouest est des plus simples comme dans toutes les Eglises de cette Ecole, ainsi que je l'ai indiqué aux caractères généraux : une porte ogivale du xive siècle remplaçant l'entrée primitive, donne accès au *narthex* intérieur que surmonte une tribune. Les piliers de la nef offrent ceci de particulier que les trois colonnes qui les forment alternent de demi en demi rondes et carrées.

Au milieu du transept, la coupole invisible de l'intérieur et qui supporte le clocher octogonal à deux étages, s'appuie aux quatre coins sur les trompes signalées plus haut. Elle est soutenue à droite et à gauche par deux voûtes en quart de cercle, plus hautes que la nef principale. Les murs terminaux sont décorés de l'arc en mitre encadré entre deux arcs en plein cintre.

Le chœur et l'abside inondés de lumière et très décorés, sont admirables de proportions simples et grandioses. Toutes les parties en sont traitées avec un rare bonheur. Quatre chapelles rayonnent autour et sont séparées du sanctuaire par le déambulatoire formé de huit colonnes dont les chapiteaux curieusement fouillés représentent des scènes de l'Ancien Testament. Le troisième du côté de l'Epître nous fait assister à une querelle de ménage entre nos premiers parents : Adam tire Eve par les cheveux et lui administre une maîtresse correction ? Ces colonnes comme celles de l'extérieur n'ont pas de tailloirs, et la voûte repose directement sur le chapiteau. Enfin les murs du transept laissent apparaître de distance en distance des cubes de pierre noire et blanche dont les angles sont dissimulés sous un enduit spécial : l'effet de cette décoration est d'une grande originalité.

A *l'extérieur*, le portail sud de la Basilique est surmonté d'un linteau orné de bas-reliefs représentant l'Annonciation, la Nativité, l'Adoration des Mages et le Baptême du Christ, d'une riche exécution. Tout autour et jusqu'au fond de l'abside courent des rangées de pierres formant marqueterie et mosaïque ; des effigies variées de sujets, et des modillons richement ouvragés entourent les fenêtres.

Enfin, pour admirer et embrasser d'un coup d'œil l'ensemble du monument, il faut se reporter derrière l'abside dans un espace malheureusement trop resserré et insuffisamment dégagé. C'est de là qu'apparaît le mieux le superbe effet pyramidal de la haute tour qui domine le massif barlong du transept, du chœur, de l'abside et de ses chapelles.

La crypte supportée par de gros piliers et décorée de mauvaises fresques, renferme la fameuse *Vierge noire* de Notre-Dame-du-Port, et ses murs tapissés d'*ex-voto* attestent la vénération dont elle est l'objet. Cette image date de la plus haute antiquité. En 1864, elle disparut avec la couronne et les joyaux qui la paraient. Neuf ans se passèrent en recherches inutiles, en larmes, en prières et en regrets. La Cité entière prit le deuil. Mais un jour, le voleur sacrilège regardant la sainte Statue, s'aperçut qu'elle pleurait, et son cœur s'émut à l'aspect du prodige. Notre-Dame-du-Port fut remise en secret aux mains de l'Evêque par une main restée inconnue, et la Vierge doublement miraculeuse reprit le chemin de son sanctuaire aux acclamations de toute la Contrée. Une cérémonie de réparation eut lieu en 1873 au milieu d'un immense concours de fidèles et en présence de plusieurs évêques. Depuis lors la Sainte Madone continue de veiller sur le peuple arverne et la Cité de Vercingétorix.

La dernière étape de mon voyage fut *Issoire*.

Pour s'y rendre, on prend à Clermont la ligne de Nîmes. La route est avec celle d'Ussel la plus pittoresque du Centre. Après avoir laissé à droite le haut plateau de Gergovie où l'intrépide chef gaulois reçut sans faiblir le choc des Légions romaines, et qui n'offre plus aujourd'hui à la place de l'opulente cité qu'un amas de pierres, la voie ferrée, quittant la Limagne, s'engage dans l'étroite vallée de l'Allier dont elle suit le cours sinueux. De chaque côté, se dressent les hauts contre-forts des monts du Forez et des Dômes, coupés çà et là de gorges profondes ; des donjons ruinés perchés sur des pics abrupts et presque inaccessibles, surplombent la rivière, donnant au paysage un caractère de sauvage beauté. A quelques kilomètres d'Issoire, le cirque des montagnes s'élargit un peu et fait place à une vallée au milieu de laquelle la ville est bâtie.

La Basilique de *Saint-Paul*, autrefois sous le vocable de saint Austremoine, un des premiers apôtres de l'Auvergne, dépendait comme Mozat d'une abbaye de Bénédictins dont le collège municipal occupe aujourd'hui les bâtiments. Elle est l'unique monument d'Issoire. De l'avenue de la gare, on aperçoit sa magnifique abside, bien dégagée au milieu d'une place spacieuse. Contemporaine de Notre-Dame-du-Port, mais de dimensions plus considérables, elle offre avec elle le type complet du roman auvergnat, avec plus de richesses de détails et une plus grande profusion de décorations extérieures. Au lieu de quatre chapelles absidales, Saint-Paul en a cinq ; celle de l'axe est carrée. Comme à Clermont, les contre-forts sont constitués par des piliers aplatis et des colonnes engagées qui s'élèvent jusque sous l'entablement, et ici aussi des rangs de billettes entourent les fenêtres et courent le long de l'abside ; les mêmes modillons supportent les corniches. L'abside et les murs terminaux du transept sont ornés de pierres taillées et disposées en appareil régulier formant mosaïque ; on y remarque aussi de curieux bas-reliefs d'une habile exécution, figurant les signes du zodiaque. La tour qui s'élève au-dessus du barlong, est plus imposante et plus belle que celle de Notre-Dame-du-Port et les arcades en plein cintre ouvertes sur ses faces au lieu d'être aveuglées comme à Clermont, sont ajourées ; cette disposition ajoute à leur élégance et à leur légèreté.

A l'intérieur, l'œil est choqué de prime abord par la décoration polychrome des murs et des piliers. Mais une fois affranchi de cette impression première, le visiteur est frappé de l'harmonieuse grandeur de l'édifice, de la régularité et de la majesté de ses proportions. La nef et le chœur plus larges qu'à Clermont, présentent une ornementation sculpturale, riche et variée. Les piliers supportant l'abside offrent spécialement des chapiteaux ornés de scènes naïves, représentant les suites du péché, d'un grand fini de travail. Au-dessous du chœur, existe une crypte de la fin du XIe siècle.

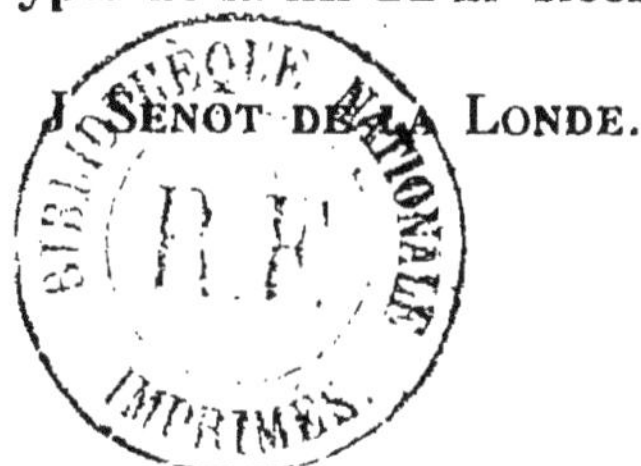

J. SÉNOT DE LA LONDE.

Nantes. — Imp. Guist'hau, Dugas, Succ., 5, quai Cassard.